ルピナス・ヴァレーへの道

夢をあきらめないで

森本佳代・森本二太郎 著

日本キリスト教団出版局

もくじ ✻

ルピナス・ヴァレーへようこそ…………森本佳代

世界を美しくしたい

「世の中を、もっと美しくするために、なにかしてもらいたいのだよ」。これはバーバラ・クーニーの絵本『ルピナスさん』（ほるぷ出版。本書14～16頁参照）の中で、主人公のアリスに、おじいさんが語った言葉です。

そこでアリスは、世の中を美しくするってどういうことかと考え始めます。そのたどりついた答えが、村中いたるところにルピナスの種を撒いて世の中を美しく飾ることでした。

私は若い頃にこの物語を読んで、自分もそんな世界を作ってみたいと思いました。でもそれは簡単には実現しませんでした。みなさんが今手になさっている本は、その夢の実現のために歩んだ家族の物語です。あきらめずに願い続ければたしかに道が開かれる、そのことをお伝えしたいと思っています。

ルピナス・ヴァレー誕生

岡山県北西部、鳥取県と境を接する山間地。その里山の低い尾根に挟まれた谷間の一角に赤い三角屋根の山小屋風の建物が建っていました。その地に私たち家族が移り住んだのは２００８年のこと。「ルピナス・ヴァレー」と名付けた地は、その後新たに作られた母屋を中心にルピナスをはじめ四季を彩る花々が咲き乱れ、樹々が豊かに繁る理想の花園となりました。

元からあった山小屋風の建物はかなり傷んではいましたが、すてきなたたずまいのこの建物が気に入って、私たちはこれを「ヒュッテ（山小屋）」と呼ぶことにしました。周囲の山や林や牧草地を借景に、傾斜地全体が自然の庭になりそうな予感を抱かせる土地でした。

かつてここでサクランボの栽培が試みられたそうですが、その後長年放置され、雑草に覆われた荒れ地状態でした。それから17年を経た今、「ルピナス・ヴァレー」という名の通り、ルピナスの花の咲き広がる花園になりました。ルピナスばかりではなく、この地に似合うさまざまな花たちが咲き続け、木々も果樹も花を咲かせています。

春にはクロッカス、スノードロップ、ニリンソウ、ローンデージー、いろいろなスミレ。夏にはラベンダー、カモミール、フロックス、たくさんのバラ、ユウスゲなど。収穫の秋には野菜のほかにヤマグリ、リンゴ、キノコなど。そして冬は雪に閉ざされますが、スノーシューで歩き回り、雪だるまや大きなかまくらを作ったりします。室内は薪ストーブで暖かく、キルトの作業やお菓子作りを楽しみます。ログハウスの母屋は、家族の暮らしばかりではなく、近隣・遠方から訪れる多くの方々をお迎えして楽しい憩いと交わりの場になっています。

もちろん、「ルピナス・ヴァレー」を訪れるのは人間だけではありません。キツネ、タヌキ、テン、アナグマ、リス、野ウサギ、野ネズミなど。小鳥はシジュウカラ、カワラヒワ、キツツキ、カケス、キジバトなどでとても賑やかです。

そんな「ルピナス・ヴァレー」がどのようにしてできたかを、家族の物語と重ねて紹介したいと思っています。

MAP

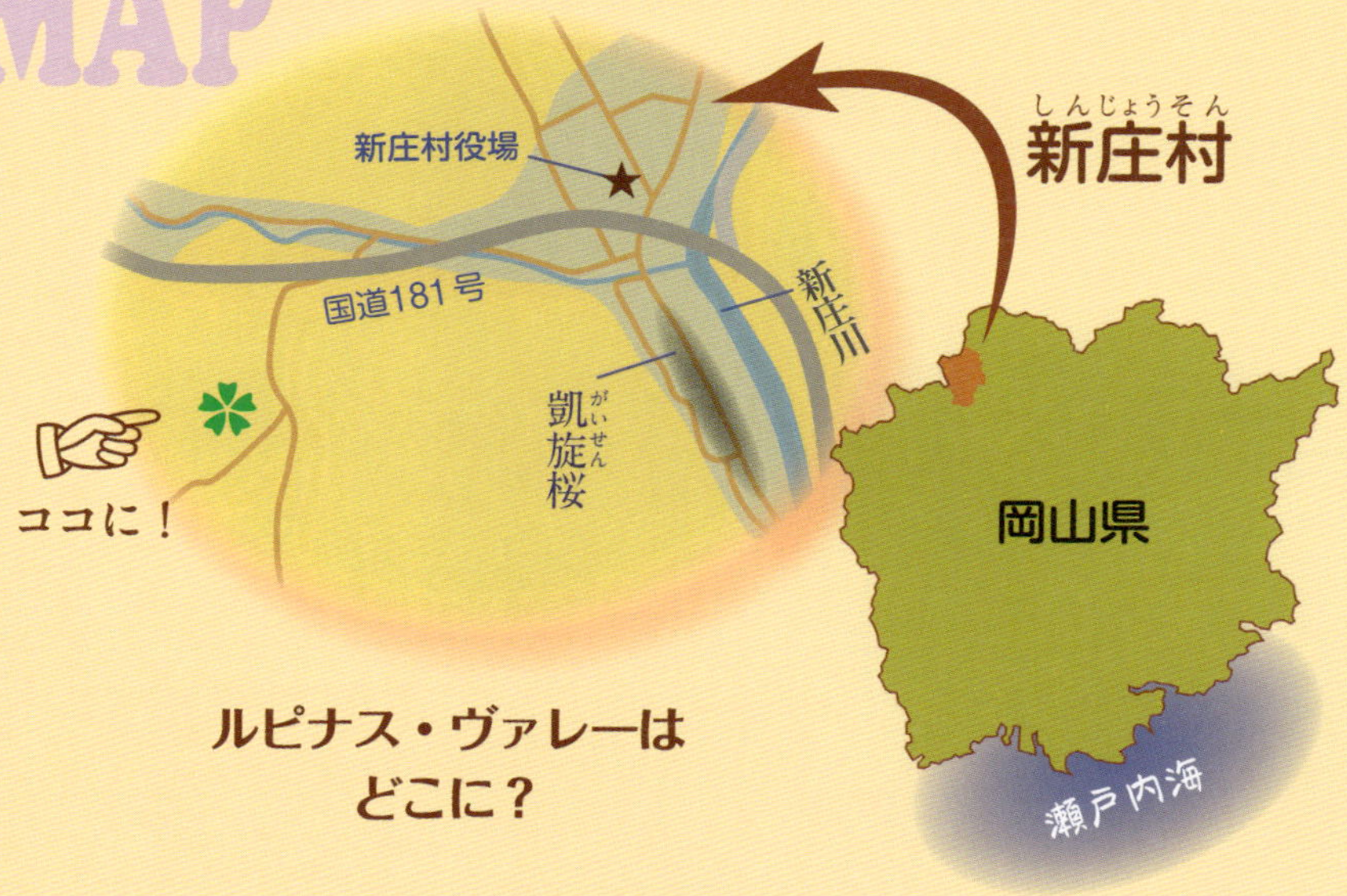

ルピナス・ヴァレーは
どこに？

山と森に囲まれたルピナス・ヴァレー

ルピナス・ヴァレーは こんな所

わが家の愛犬メイ

コラム

長野県の野辺山《のべやま》の牧場で生まれたメイは牛が大好きで、牛を見るととんでいきました。知人の獣医さんの紹介でわが家に来たブラウンのハスキー犬です。

メイは二太郎さんと私には服従、でも娘たちとは微妙な力関係があり、娘たちは何とか自分たちが優位に立ちたいと苦労していました。それが潤太が生まれた時はメイは母親のような優しさを発揮したのです。赤ちゃんだった時期、夜中におなかがすいてぐずりだすと、メイは気付いて私のほっぺを舐め、「潤太が起きたよ」と教えてくれました。

やがて、メイのための朝夕の散歩に潤太が加わりました。向山荘時代は、特に二太郎さんがその散歩を一番楽しみにしていて、時間になると仕事をやめてカメラをお供によく森へ出かけて行ったものです。

散歩から帰ってきたメイに二太郎さんが「ハウス」と言えば家に入ってくれましたが、潤太はそうはいきませんでした。追いかけっこになってしまってなかなか家に連れ戻せませんでした。鹿を追いかけて1晩帰って来なかったことも2度3度あり、とても心配しましたが、朝にはきちんと帰って来ていていつも胸をなでおろしていました。

潤太が小学生だった時、メイは16歳で天国に行きました。静岡にいた次女が飛んで帰り、潤太も学校を休み、お花をいっぱい添えて別れを惜しみました。

夏にアメリカから帰って来た長女はメイのいないわが家に入って「やけに静かだね」と言ってメイの写真を飾ってある場所に立ち尽くしていました。

（佳代）

メイに近づきたくてにじり寄る潤太

ルピナス・ヴァレーへの道

森本佳代

向山荘時代

二人の娘たちが相次いで親元を離れていった頃、妙高高原・池の平《たいら》にある、向山荘という日本キリスト教団の宿泊研修施設の運営について話し合う会に呼ばれました。その時、私たちはテストケースとして写真のワークショップをしたらどうかと提案し、採用されました。最初の試みに参加した皆さんは、自然と向き合うことの大切さに気付いたそうです。また管理の不備なども見えてきました。結局、私たちが向山荘の管理と運営を任されることになったのです。

　こうして私たちは、その秋に末の子潤太を連れて向山荘に移り住みました。国立公園の一部にもなっている豊かな自然の中で潤太は伸び伸びと育ちました。向山荘の活性化のため次々に企画したセミナーでもいっしょに楽しみ、セミナーのマスコットになっていました。その後ルピナス・ヴァレーが実現するために潤太が大きく関わってくれましたので、潤太の成長とルピナス・ヴァレーの成長をこれからいっしょに語りたいと思

ウサギのミミ助を抱いて

森のお話会

います。
その潤太がどうしても幼稚園に行かないと言い張るので、私はそれもいいかなと考え、潤太のために企画したのが「森のお話会」でした。春と秋に親子で参加してもらい、皆といっしょに絵本やさま

コラム
column

バーバラ・クーニーの世界への旅

私が若い頃に影響を受けたバーバラ・クーニーの絵本『ルピナスさん』（ほるぷ出版）。この絵本を読んで私は目が覚める思いでした。子どもの本だけど子どもの本じゃない。「これは自分の絵本だ！」と思いました。

絵本では、主人公のアリスは子どもの頃おじいさんから、世の中を美しくするために何かをしてほしいのだよと言われます。何かとは何？　その答えを求めてアリスは世界中を旅しますが、たどりついた答えはルピナスの花で世の中を美しくすることでした。私はこの物語にとても感動して、いつか自分もこの世の中を美しくするためにルピナスの花を育てたいと思うようになりました。そしてその機会は思わぬところから訪れました。

それは2001年のことでした。写真家である二太郎さんの写真教室の常連さんたちといっしょにアメリカのメイン州を訪れたのです。お目当ては、『センス・オブ・ワンダー』の著者、レイチェル・カーソンの別荘に泊まることでしたが、もう一つ、密かな楽しみがありました。それはメイン州にあるバーバラ・クーニーが住んだ町ダマリスコッタに立ち寄ることと、ルピナスの花を見ることでした。

そのダマリスコッタの町に降り立った時、まず私はクーニーが呼ざまなお話の世界を楽しむのです。

その他にも「庭作り」「ヤマネの調査と巣箱作り」「ボーマンさんのチェロコンサート」「雪を楽しむ」などなど、どれも潤太が大喜び。今思えばずいぶん贅沢な幼少期だったと思います。その後潤太の小学校入学に合わせて長野県の東部町（現・東御《とうみ》市）に転居するのですが、この向山荘での5年間は、私たちの生き方に大きな影響を与え、今に続く人とのつながりができた忘れがたい時期となりました。

二太郎さんが自分の企画で、向山荘以外でもあちこちで写真教室を始めたのもこの時期でした。

新庄村へ

1999年、向山荘での5年の

『ルピナスさん
——小さなおばあさんのお話』
バーバラ・クーニー 作
かけがわ やすこ 訳
ほるぷ出版（1987）

バーバラ・クーニーは、児童文学作家であり、イラストレーターでもある。全米図書賞（児童絵部門）を受賞したこの作品は、美しいルピナスの花と１人の女性の人生を重ね合わせた物語で、クーニーの代表作。

吸していた同じ空気を胸いっぱいに吸い込みました。ちょうどその春、クーニーの記念室が設けられたというレンガ作りの図書館に入って絵本を見たり、係の方からお話をうかがったりしました。美しい街並みを通り抜け、水辺を散策し、クーニーの大好きだった景色を心いっぱい味わいました。ちょうどルピナスの花が最盛期を迎える6月中旬でしたので、その地方のあちこちで咲き広がるルピナスの風景を見つけては車を停めてもらい、写真におさめたり、スケッチにいそしんだりしました。

ここで見た情景が私の心の中にあるルピナスの情景なのです。決して花だけ育てて楽しみたいのではないのです。自然豊かな風景の中に咲くルピナスの美しい世界、生活を終え、潤太の小学校入学のために、前述のように長野県の東部町に引っ越しました。東部町の滋野《しげの》小学校の裏に清水が湧き出ていて、それを校庭に引いているのを見た潤太は「ここなら行ってもいい」と言ってくれたので即入学

移住当時の冬景色

つまりは絵本『ルピナスさん』が描く世界、ルピナスの花咲く丘のような風景を作りたかったのです。このメイン州訪問は現在のルピナス・ヴァレーへと続く道の第一歩でした。そして今、ルピナス・ヴァレーに美しい花を咲かせるルピナスたちは、実はあの時にメイン州で買い求めた種から育った子孫たちなのです。

　このメイン州への旅には幼かった潤太もいっしょに行きました。私がなかなか思うような土地が見つからずルピナス・ヴァレー実現の夢をあきらめかけた時、彼が励まして背中を押してくれました。潤太の幼い記憶の中にもこの旅の経験は大きかったのだと思っています。この旅から生まれ、はぐくまれた夢は、こうして育ってきたのでしょう。

（佳代）

ルピナスを見つけては、車を停めてスケッチ

届を出し、入学式前日に引っ越しました。そこで義務教育の9年間を過ごしました。

小学校3年生の6月、私と潤太は二太郎さんといっしょにアメリカ・メイン州への撮影旅行に同行しました。その時にそこここで出会ったルピナスの風景に感動し、私はルピナスの似合う風景を作りたくて、帰国後、向山荘くらいの広さと自然の豊かな土地を探し始めました。でも、なかなか条件に合う土地は見つかりませんでした。失望して夢をあきらめかけていたそんな時、潤太が私に、「あきらめないで！ ぼくも手伝うから。なんでもするから」と言って励ましてくれたのです。この言葉で、潤太の心に私と同じ夢が育っていたことに気づかされたのです。

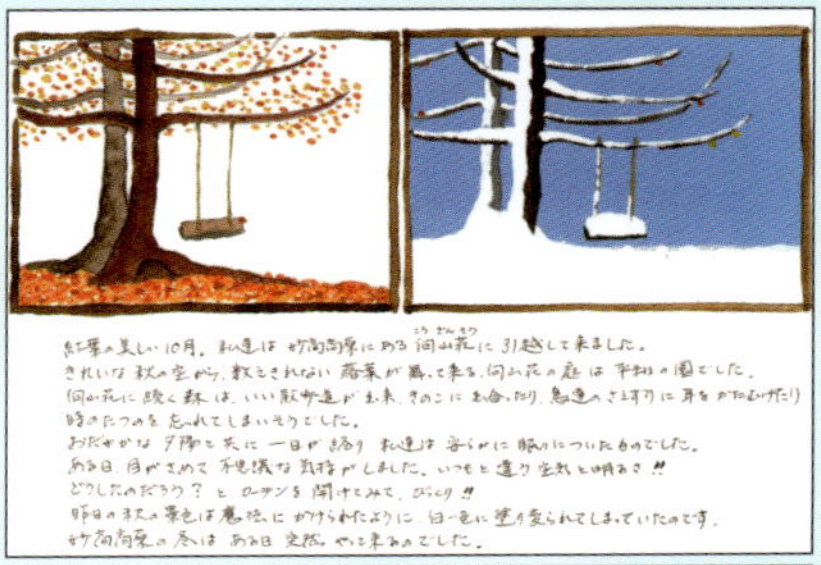

手製えほん「潤太の冬の日々」

そうこうしているうちに因島《いんのしま》（瀬戸内海にある広島県の島です）に住む弟から「親も年をとってきたので、引っ越すなら1時間でも2時間でも近いところにしてほしい」と言われました。年老いてきた両親のことで心配が募ってきていたからです。それまでも、年に何回も長野から因島に通っていましたので、通う大変さは身に染みていました。

そこで、思い切って長野県を離れ、広島と岡山の山間部あたりで土地を探すことにしたのです。業者に依頼したのですが、なかなか思うような土地は見つからずに1年が経ちました。そんな時、私が卒業した聖和短大保育科時代の友人が新庄村にいることを卒業生名簿で見つけたのです。すぐに連絡を取りました。その友人の計らいで、村長はじめ教育委員長、役場の皆さんが待っていてくださり、要望を聞いてくれて村内を案内してくれました。

その時、たまたま通りかかったのが今の土地です。私はその土地が気になって、帰る前に二太郎さんに頼んでもう一度その土地に戻ってもらいました。

そして私は隅々まで見て回り、まず、すぐわきを流れる小川の水がとてもきれいなことにうれしくなりました。クレソンやワサビがみずみずしく育っていました。まわりの山並みや、牧草地、雑木林や、杉、檜《ひのき》の植林地などがすばらしい借景になってルピナスがしっくり似合う、と確信しました。

雪が1メートルあまり積もると聞いたので、冬も美しい雪景色が楽しめるな、とも思いました。それに、ここの上にも下にも人家がなく、犬の散歩を思う存分楽しめそうです。その敷地内には古電信柱を使ったAフレーム構造の小屋が建っていました。この建物ならルピナス・ヴァレーによく似合って母屋とも調和すると思いました。これ以上良い土地はないと、すぐに購入の申し入れをしました。

その後、引っ越しの前の1年間に8回も通いながら、井戸を掘ってもらったり、自分たちの手で小屋の徹底改修をしたり、洗面・トイレ・お風呂を新設してもらったり、気持ちよく住めるようにしました。こうしてまず、生活の基盤を整えたのです。

そこで次に、いよいよお庭作りの話です。

その日ではないと出会えない花が
いっぱいあるルピナス・ヴァレーは、
これからもずっと変化と成長をとげ
ていくお庭です。

ルピナス・ヴァレーの庭作り
森本佳代

約束の地へ

ルピナス・ヴァレーの庭がどのようにしてできていったかの、初めの頃のお話です。

前章で述べたようにこの土地は、両親のことが心配になって因島《いんのしま》の近くに引っ越す決心をした私への、神さまからのご褒美だったような気もしています。ここが神さまの「約束の地」だ、と心を動かされたのも不思議で、それを聞いた二太郎さんと息子が快く同意してくれたのもありがたいことでした。

また、荒れたこの地を見て、願っていた夢の未来を瞬時に思い描くことができたのも驚きでした。

ここを初めて訪れたのは2007年の4月でした。役場の方々にあ

ちこち案内された時に、通過しただけのこの地が心にかかったのですから、何か特別に心をひきつける力を私は感じたのでしょう。

5月に再訪して、土地の購入手続きをしました。翌春の引っ越しまでの間の宿泊場所として、村営住宅を借りることもできました。冬期を除いて春までに8回、新庄村に長野から通って来ました。一番の目的は、ヒュッテの改修作業です。引っ越しまでには、住めるようにしたかったからです。その作業の日々に敷地を歩き回り夢を具体的に考えていました。

そして毎回、長野から連れてきたお花たち、ワイルドストロベリーやスミレなどを植えたり、鉢で育って大きくなってしまったクルミの木などを持ってきては植えていま

した。

雪深い向山荘の敷地内の実生《みしょう》（種から自然に芽を出した植物）の幼木も、何かいい木のようだね、と言いながら連れてきたこともありました。東部町では育たなかったシラユキゲシがここでは育つと気が付いて植えたこともありました。秋にはチューリップとスイセンの球根もたくさん植えました。大好きなハニーサックル（スイカズラ）が敷地内に自生していることを発見して、これはこのまま育てようと喜んだこともありました。この段階ですでに庭造りが始まっていたと言えます。

まずは土地の整備から

やることはたくさんありました。引っ越しで大量に持ってきた花や野菜の苗を植えることがまず先決でした。村の人が親切に、耕運機で耕してくれていた場所がありましたので、とりあえずそこにルバーブやラベンダー、バラやラズベリー、ルピナスやジギタリス、シャスターデージーなどを、たいせつに植えていきました。友人のトラックに押し込んで持ってきた大量の苗でしたので、その一角だけが青々としたりっぱな畑になりました。

重機での作業をお願いして、敷

改装前のヒュッテ

整地作業

地をなだらかに整地するのに5日間かかりました。この土地は元々段々畑でしたので、小川の向こうの牧草地のような、なだらかな傾斜地にしたかったのです。出てきた大きな石や木材、ヒュッテの中にあった囲炉裏を壊したものなどは敷地の最上部の一角に積み上げ、最後に土をかぶせて小山を作ってもらいました。

　きれいにならされた土地を見て、さあ始めようと意気揚々、母屋の位置、ルピナス畑、花壇の場所、小さな森の場所、母屋とヒュッテとの間の畑、果樹の場所と夢がふくらみました。そして桜が咲いた頃になって、両親と弟夫妻に因島から来てもらいました。新庄村は岡山県の花見シーズンの最後を締めくくる「凱旋《がいせん》桜」が有名なので、見てもらいたかったからです。

　千人足らずの村ですから、人出も大したことはないと思っていましたが、凱旋桜通りはすごい人出で、両親を迷子にしてはいけないと付きっきりで歩きました。その時父が、引っ越しの記念に何か木を植えたいと言ったので、みんなで園芸店に行って私たちの希望で樅《もみ》の木を選びました。母屋予定地の北側に植えた樅の木はすくすく育ち、今ではどこからでも見える大きな木になって、ルピナス・ヴァレーのシンボルになっています。

　しばらくの間は、ほしい苗があると「ピーカンは二太郎さんの誕生日祝いに」とか「ブラックベリーは私の誕生日祝いよ」とか「ハシバミは潤太の誕生日祝いだね」と言いながら、果樹やベリーの苗を次々に注文していきました。いろいろと植えていきましたが、ルピナス・ヴァレーはなかなか荒れ地状態から抜け出せず、草の勢いに泣かされていました。根強いギシギ

column 父が買ってくれた樅《もみ》の木

コラム

新庄村に引っ越してきた年に父が買ってくれて植えた樅《もみ》の木です。樅の木がまだ幼木だった頃は、クリスマスには毎年、この木にクリスマスの飾りつけをしました。

初孫のヤンチーが来た年は、みんなで飾りつけをするのを楽しみにしていました。まだ小さかった樅の木はたくさんの飾りで賑やかでした。やがて樅の木は大きく育ち、てっぺんに付ける星が脚立を使っても届かなくなり、クリスマスの木としての役目を終えました。

でも、大きくなったおかげで樅の木の枝が広がり、夏は涼しい木蔭を作ってくれるようになりました。そこは夏の人気の憩いの場所になって楽しいことがいっぱいくり広げられました。

今は、下枝を剪定することで、その枝や葉を使ってリースやスワッグを作って楽しんでいます。樅の葉は艶があり香りもすてきで、わが家だけではなく、教会のクリスマスにも良い役割をしてくれています。樅の木を記念樹として植えてくれたことを、今は亡き両親にとても感謝しています。

こうして立派になった樅の木は、今、天に向かって手を大きく広げ、クリスマスをお祝いしています。

（佳代）

シやヤブガラシの掘り上げには疲労困憊。今はようやく少し抑えられてきたかなと思っています。

雪が積もった頃に届いたリンゴの苗木

梨の花

庭を彩る果樹の花と草花

リンゴ並木を通って母屋に着く、が私の夢でしたので、母屋に通じる道の左側には「王林」「秋映」「シナノスイート」「群馬名月」を植え、右側には「紅玉」「北斗」「ふじ」「スリムレッド」を植えました。桃は日当たりの良い南側に、梨は水を好むので小川沿いに植え、大好きな杏《あんず》の木は母屋からよく見える場所に植えました。

それらの果樹の花はすばらしく、咲きだすといっぺんに春爛漫を感じさせてくれます。

杏やクラブアップル、ジューンベリー、ブラックベリーなどの花も次々に咲きだすので、この時期はすばらしい夢の花園になります。

この中で、まだ一度も実をつけないものがあります。杏です。花は見事に咲くのですが……。毎年観察していて、やっと気が付いたのです。杏は桜より先に咲くことに。そしていっぺんに咲いて散ることに。しかもその短い花の時期に必ず霜が降りるのです！　さらにその時期はまだミツバチや、花粉を運ぶ虫たちが少ないことにも気が付いたのです。だから実がならないのです。

実がならなくて残念ですが、いつかラッキーな年があるかもしれ

久世教会の野外礼拝

ないと、期待してだいじにしています。

　ブルーベリーは花壇を取り巻くようにして27本植えました。手前から早生を植え、最後に晩生を植えて長い期間、収穫できるようにしました。一度に実がなると私一人では収穫が大変ですからね。この時期にいらっしゃるお客様は大喜びでブルーベリー摘みを楽しんでくれています。

　小さな森と呼んでいる北側の敷地には、好きな野生の木をたくさん植えています。トチノキは実から育てましたので上から見下ろしながら成長を楽しみました。シラカバ、ヤマグリ、クロモジ、ブナ、カラマツ、イタヤカエデ、ミズキ、オオヤマザクラ、ヤマザクラ、ウワミズザクラ、エゴの木、コナラ、シナノキ、等々です。

　この小さな森は暑い日にはほんとうに涼しい憩いの場所です。暑い夜もここでテントを張って寝るのを、息子や孫たちは楽しみにしています。年月を経て愛され、成長の早いものも遅いものも共に育っていくのを楽しんでいます。

おとなの遠足「ネイチャーゲーム」を楽しむ

ルピナスを育てる

アメリカのメイン州に行った時、園芸店で3袋の種を買ってきました。それを借りていた畑に撒いて育てて、毎年種を集めていました。やっとその種を絵本の『ルピナスさん』のように撒く時が来たのですから最高の喜びで、ルピナス・ヴァレーのルピナス園地にすべて撒きました。

毎日発芽を楽しみにして見回っていましたので、かわいい双葉が出てきたのを見ては喜んでいました。ところがその後は忙しくなり、ルピナス園地の様子を見に行く時間がとれなかったのです。どうしてるかな?と久しぶりに見に行き顔が青くなりました。草ぼうぼうになっていて、探してもルピナスは全く見つけられなかったのです。丈の高い草たちに負けてしまったのです。

幸い少しでしたが大きく育って花を咲かせていたルピナスがあり、そこから種を採ってポットに撒いて育て、秋に、よく耕した土地に植え替えて大事に世話をするように方法を変えました。秋には草の勢いも落ち着くので、その方法はとても良かったと思います。3年ほどそれを繰り返し、ルピナスの苗を育てては植えていきました。

また、ルピナスは、マメ科であることに気が付き「根粒バクテリアが地面に多くなっていけば育ちが良くなる」と確信しました。この広さのルピナス園地を見事にするために園芸店でルピナスの苗を

買って植えるという考えは、私にはありませんでした。年数がかかっても、地道に増やしていきたいと思ったのです。人に見せるためではなく自分が楽しむことが大切だったからです。

　メイン州で買ったルピナスの花は、初めはどれも濃い青でした。それが、何年かするうちに淡いブルーやピンクの花が咲き、赤い花が咲き、数年前には白い花が咲いたのです。不思議ですね！　交配を繰り返すうちにいろいろな色の花が咲くなんて!!　これが多年草の面白さなんでしょうね。

　ここに育つルピナスは背がとても高いのです。色とりどりのお花が風に揺れながら咲くようすに、「天国みたい」と言った人がいます。「何もしないのよ。神のみこころのままガーデンなんです」と私はいつも答えています。そのとおりなのですが、このような庭にしたいという私の思いと、ルピナスへの愛情が心の奥底にしっかりあるからだと言って違いないでしょう。

気が付けばメドウガーデン

　私はルピナスの似合う風景を作りたいと願っていました。それは、わが家のすべての風景にルピナスが溶け合う感じでもあります。山々や周りの木々や牧草地や小川など、周りの風景とも調和してほしくて、眺めては、どうしたらいいか思いをいつもめぐらせています。

「メドウガーデン」という言葉は

ポール・スミザーさんの本で知っていましたが、よく理解できてはいませんでした。メドウガーデンとは、野原のような庭という意味です。

　ある年、友人にお願いして野生の「キバナノヤマオダマキ」の種を送ってもらいました。その種を撒いて3年育てて、オカトラノオやヤナギランやクガイソウが無造作に咲いている場所のふちにぐるりと植えてみました。その花たちが咲いたのを見て、私は思わず「メドウガーデンだ!」とうれしい声をあげました。高原の花を植えていた場所が、ヤマオダマキが加わったことでいっそう高原を感じさせる、何とも言えない優しい場所に感じられたのです。ちょうど夏休みで滞在中だった孫娘に、「Meadow Garden メドウガーデン」の看板を描いてもらって、そこに立てました。

　ふと考えてみれば、ルピナスの咲き広がる場所も、メドウガーデンでいいのだと思いました。草と必死で戦ってきていましたが、もうルピナスもある程度、草に負けずりっぱに育つようになったからです。

　秋になるとアスターのレディー・イン・ブラックやクジャクソウ、シュウメイギク、シュウカイドウ、野生のツリフネソウやミゾソバなどがあふれるように咲きます。大株になったブルーベルは、小さな森に株分けしてあちこちに咲かせています。

　そのあたりにはクリスマスローズが咲き、つるバラが木々の間を自由に伸びています。厳しい冬の寒さに耐えた早春の花たち、ニリンソウやヒナソウなども咲きます。夏にはホリホックやヒマワリなどが咲きます。

　四季を通して、その時期ではないと出会えないお花でいっぱいの庭が「ルピナス・ガーデン」というわけですね。

色とりどりの
ルピナス

菜園で食べる園芸を実現

ルピナス・ヴァレーには畑があります。畑は当初、私の仕事でした。それが、今は完全に潤太の担当になっています。母屋建築の息抜きで、私の畑作業を手伝っていた彼が、『現代農業』という本のバックナンバーを10冊ほど取り寄せて熱心に読んでいました。ある日、「畑はぼくがやるよ」と言ってくれたのです。

若いということは、力もあって、研究熱心で、工夫もするし、任せて正解でした。おいしい野菜を作るために腐葉土を作ったり堆肥を作ったり、液肥を作ったり、燻炭を作ったり、私が考えてもいなかったことをどんどんやって、野菜作りがうまくなっていきました。

新庄村では、源流域農産物として岡山市など、あちこちに野菜を販売していますが、潤太はそこにも出荷するようになりました。

野菜のケースに栽培者の名前が書いてあるので、色とりどりのミニトマトなどはあっという間に売れるのだと聞いています。私もプチプヨというミニトマトは大好きです。白菜や大根などは大きさでは地元の農家さんに太刀打ちできないので、小さめでおいしい野菜を作る工夫もしています。

最近は、いわゆる野草を茹でてお料理しています。アカザ、ナズナ、ハコベなどはおいしいですね。ここは庭と山道を一巡りしたら食べられる野草がいくらでもありますから楽しみなところです。ラッキョウや梅干しや味噌もお手の物で、お料理も母親そこのけの腕前で有難いことです。潤太の作るおいしい野菜をたっぷり食べられることができる幸せを感じています。

夢をあきらめないで、
何年かかっても
自分たちの手で作り上げていく
うれしさを知ってもらいたい。
夢のルピナス・ヴァレーは
いつまでも進化の途中です。

家族って、
力を合わせることで
心がひとつになり、
満たされた思いが
与えられるのだと
思います。

メドウガーデンとは、
野原のような庭のことです。
心なごむ庭です。
自然に近いですが、
けっして手を抜くわけではないのです。

ルピナス・ヴァレーのお隣りさん

リスさん

アカゲラさん

ルピナス・ヴァレーが、こんなに自然豊かでたくさんの生き物が暮らしている環境だと気が付いたのは住み始めてからです。

まず、びっくりしたのは夜、窓にモリアオガエルが張り付いて私たちを見ていたことです。また、野ネズミが大発生した年がありました。村中どこでもその話でもちきりで畑のジャガイモやニンジンや大根が全て食べられたのです。

ネズミ捕りで捕まえてみると、かわいいヒメネズミやアカネズミとハタネズミでした。みんな可愛くて、しばらくは観察して楽しみました。そして、ネズミが帰っては来れないだろうと思う遠くの山に放しに行きました。帰って来たら、もう次の罠にネズミがかかっていてまた放しに行くを繰り返しました。

そんなことのあった翌年は、ヘビをたくさん見かけるようになりました。そして、その年にはネズミの害が大きく減りました。こうして自然のバランスがとれていることを目のあたりにしました。

ある冬の日、大きな木製堆肥ボックスのふたを開けたら「な～に？」とこちらを見ているかわいい生き物と目が合ったのです。テンでした。お食事をするのに夢中だったのです。

キツネやタヌキやアナグマも見かけます。野ウサギもいて小さな子ウサギが何匹かぴょこぴょこ歩いてるのも見たことがあります。

小さな森のミズナラのドングリを食べに、リスもやって来ます。

ヒュッテの古い囲炉裏を壊した

アナグマさん

アマガエルさん

時に下にいたのはたくさんのサワガニでした。小川では石を除ければ簡単に見つけることができます。イモリも田んぼ周りにたくさんいます。夏になるとホタルが庭を飛びますし、トンボはイトトンボ類やカワトンボの仲間、ムカシトンボやオニヤンマなどが幼虫から孵《かえ》って飛んでいます。

家の中から見ていると、鳥たちは安心してのびのびと地面を歩きます。母屋の玄関先でカワラヒワが夢中でヤギのむうちゃんの毛を集めていました。巣材に最高だと思って集めているのでしょう。見てみるとオスの方は付かず離れずの所で遊んでいて巣材を集めていませんでした。調べてみたら、オスはメスの見守り役をしているのだそうです。

夏には、オオルリ、キビタキ、クロツグミ、ヨタカ、サンショウクイ、カッコウ、ツツドリなどが、にぎやかに来てくれます。

秋が深まると、入れ替わりにツグミ、シロハラ、カシラダカ、アトリ、ジョウビタキ、など冬の渡り鳥たちが来てくれます。

年中いるのは、シジュウカラ、ヤマガラ、ヒヨドリ、キジバト、カケス、セキレイの類、ヤマドリなどです。夏は珍しい鳥アカショウビンもいます。赤い宝石ですね。上空を「キョロロロロ」と鳴きながら飛んでいきます。こんな鳥がいる場所に住んでいるなんてなんと幸せなんでしょう。今わが家の母屋のロフトの高い外壁にブッポウソウの巣箱を掛けています。来年の春が楽しみです。

（佳代）

この家は私たちが建てた「ハウス」ですが、多くの方々に来ていただける「ホーム」です

ルピナス・ヴァレーの母屋を作る……

森本二太郎
森本佳代

自分たちの住まいは自分たちの手で

森本二太郎

母屋の建設については、佳代さんの熱い願いが原動力になったことは言うまでもありませんが、それに加えて、自力で家を建てたいという潤太の夢に満ちた決意と熱意も、大きな力になっていました。

　一般的な「ログハウス」の方が見本も資料も多く、手掛けやすい形なのは承知の上で、あえて、太い角材を縦に並べて四周の壁を立て、家の枠組みを作る「縦ログ」方式を選んだことにも、その並々ならぬ意欲が表れているように思います。

　ログハウスと言えば、太い丸太を積み上げたどっしりした姿をまず思い浮かべます。しかし、村の山から伐りだしてもらえる木材の大半は杉で、縦にして使えば強いけれど横には弱いという特性があり、材木を横にして積み重ねていくログ工法には不向きなのです。

　建築法の参考書もなく実例のサンプルもなかなか見当たらない「縦ログ」を敢えて選んだのは、新庄村産の杉材を最大限に使いたい思

いがあったからでしょう。それに、丸太より角材にした方が、室内の空間を有効に使えるし、15センチ角の厚みがあれば、壁に断熱材を張らなくても済むということも、この建て方の大きな利点になりました。

この基本が決まってからは、3人の願いを、限られた空間に詰め込むために、家としての具体的な機能を、床面の平面図に知恵を出し合って落とし込んでいきました。

それを基に自己流で設計図を書き上げ、とにかく現場主義を貫いて、問題に出くわすたびに考え込んではクリアーしながら、庭に積み上げてある角材と板に必要な加工を施しては組み上げていく作業を進めていきました。2回だけクレーン車の応援を頼みましたが、後はすべて、屋根張りも外壁塗装も、自力でやり遂げることができました。父親の私の役まわりは「参謀」とアシスタント、母親は現場の片づけとお掃除と身の回りの何くれとない心配りに、それぞれ徹することでした。この役割分担も、たいせつなチームワークの基本になっていました。

すがすがしい達成感でした。

母屋の模型

column わが家の愛犬くんくん

コラム

メイが亡くなって1年たった頃、潤太と友だちが仔犬を見つけてきました。

とにかくおなかがすいているようなのでミルクを飲ませ、役場に迷子の仔犬の情報を問い合わせました。捨てられたようだとわかったのでわが家で飼うことを決め、獣医さんに連れていって健康チェックをしてもらいました。左足が弱ってるようだけど鍛えていけば大丈夫でしょうと言われ安心しました。

名前を「くんくん」としたのは、好きな絵本の『はなをくんくん』のくまさんたちの顔と良く似ていたからです。メイより少しスマートで、男の子で黒い毛並みのハスキー犬の雑種のようでした。

当時の潤太にとって最高の遊び相手で、取っ組み合いをしてよく遊んでいました。私たちもまた散歩の楽しみが戻ってきてあちこち連れて行って楽しみました。

くんくんのお手柄は「番犬」の役割をしてくれたことです。自分より大きなイノシシにとびかかり追い払ってくれました。サルが来たときは潤太が「それ！」とくんくんを連れてその場所に駆けつけます。その時のくんくんの鳴き声は私だってびっくりするような大きな声でした。

そんな勇ましいくんくんでしたが15歳で天国に行ってしまいました。亡くなる前のしばらくは、私たちのベッドに跳び上がれなくなりベッドの下で寝ていましたが、その夜は跳び乗っていっしょに寝てくれました。私はくんくんが元気になったと勘違いしていましたが、最後の力を振り絞ってやりたいことを成し遂げたのだと思います。翌日の午後に、息を引きとりました。

（佳代）

親子二人で母屋建築を話し合う日々……森本佳代

この土地を購入し、引っ越しまでの約1年間はヒュッテを住めるように改築することが第一の目標でした。潤太にとって大工仕事のイロハを学ぶ良い機会でした。

この時は、二太郎さんの方が主導権を握っていて、電動工具やチェーンソーの使い方を指導し、いっしょに作業をしていました。天井の板を張るのに借りた、コロ付きの脚立に登る時は、おっかなびっくりで怖がっていたことが思い出されます。

引っ越した当初は荷物の整理をしたり、二太郎さんは写真の仕事ができるように整えたり、私は衣食住に関したものなどの置き場所を作ったりと忙しくしていました。

そんな中、潤太は誰に言われるわけでもなく一人で、新庄村の杉や檜《ひのき》の間伐をお願いに行って交渉していました。もうすでにどのくらいの木材がいるか計算済みだったようです。

当時、中学を卒業したばかりの男の子にどれだけのことができるのか私にはよくわかりませんでしたが、運ばれてきた間伐材が山積みされているのを見て驚きました。その時、私は基本、潤太に任せようと思いました。もし、どうしても手に負えないことが出てきた時は専門の方にお願いすればいいと思っていました。

木材が乾燥するのを待って、製材をお願いする時も、地元の人たちに力を貸してもらうように取り計らい、ものすごい大きな丸太を角材や板にする算段をして1週間あまりの大仕事を乗り越えました。その力仕事の毎日をやり通した後の潤太の腕を見て、別人の腕を見ているようでした。

毎日コツコツと、母屋の壁になる角材に必要な加工を施したり、自分でできることは自分でやって

いき、手を貸してもらわないとできないところは父親の力を借りていました。私はおやつの準備をしたり、カンナくずやゴミの掃除をしたり道具を定位置に片づけたりしていました。

初めの頃は、まだ庭には日影になる木など何もない時でしたから暑い日は大変でしたが今ではよく頑張ったな～と思っています。

３人でそのつど建築の進み具合を見ながら、次の段階のことを相談していました。時間はかかったとは思いますが、ひとつクリアして次へ進み、またクリアしては進む、それで着実に完成へと向かっていけたのだと思っています。

完成までの間には、考え込んで苦心して方法を探ることもありましたが、一度もねをあげたりあきらめたりはしませんでした。それどころか、高い屋根の仕事は危ないから業者に頼もうよと私が言ったこともありますが「できるから自分でする」と言い、見事にやり抜きました。

凄いですね。本気ならば、ここまでやれるのですから!!

母屋作りの作業を続けながら潤太は、着実に力が付き自信も付き、大きな成長をしていきました。

定礎式

長野時代に親しくしていた山本将信《まさのぶ》牧師が「定礎式はどうするのか」と、メールで声をかけてくださいました。ちょうど、定礎式のことを考えていた時でしたから「誰に頼めばいいのかわからない」と

説教をする山本牧師（左端）

答えたら「ぼくが行くから日を決めよう」と返事が返ってきました。

こうして2010年5月18日に決まり、私たちは定礎式に来てもらいたい人たちに案内を出しました。

お世話になった村の方々や友人など、20人ばかりの方が来てくださいました。

母屋の建つ敷地の真ん中に穴を掘り、そこに素焼きの壺に入れた聖書を納めて、皆がシャベルで土を戻し、讃美歌を歌いお祈りをしました。

山本牧師は、式辞の中で「ここには立派なログハウスが建つことでしょう。森本ファミリーにはここを単なるハウスではなく、訪れてくる多くの人たちが心から憩えるホームにしてほしい」と言われました。

私は、その言葉に心を打たれ、心の中で「そうだ、ホームになることを志そう」と思ったのです。

定礎式を終え、ヒュッテで私の作ったルバーブパイを皆さんに食べていただきました。狭い室内でしたが和気あいあいの雰囲気に、ホームの意味がわかったように感じたものです。

喜んで友人知人を迎えて、楽しく親しい交わりの輪を広げていく、それがホームということではないでしょうか。これは今も私の心にある定礎式のメッセージです。

母屋建築、実現までの道のり

森本二太郎

引っ越しの前後あたりで、15歳の潤太の頭の中では住いの設計が始まっていたようでした。ヒュッテ改築の経験と、幼い頃からの自由自在な「ものづくり」の感覚が生きて、平面図と立体的な構造を結びつける的確さは、目を見張るものがありました。

建物本体の大きさは6メートル×9メートルの一階部分+屋根裏（ロフト）。これはヒュッテの2倍の大きさに当たります。そこから張り出す形でトイレと浴室を取り付けることにしました。後に建築作業を進めながら、これが自分たちの手に負えるぎりぎりのスケールだったことに気づかされたのです。屋根の勾配は45度、頂上部が直角に交わるいちばん楽な設計にしました。屋根材を張る時にはあまりの急勾配に緊張しましたが、雪が自然に落ちてくれるという利点もついてきました。

村内の山から伐り出してもらった材木を地元で製材し、ほぼ一年近く乾燥させてから、必要に応じて順次庭に運びこんでは手仕事で加工・細工をして、土台部分、床、壁、窓枠、屋根の小屋組み、などの「部品」を作っていきました。当面必要なものが揃うと、一つ一つ建築現場に運んで組みつけていく、まさに手作りそのもの、ホームメイドの家作りが始まったのです。

母屋を作る　I

①
伐り出してもらった杉と檜。思い描いていたものより、はるかに太い立派な木材揃いでした。

② 村で唯一の製材所に運んで製材に取りかかります。15cmの角材（壁の用材）と、3cm厚の板が主。直径30cmをこえるような太い丸太は、土台や梁のために太さを活かして製材してもらいました。その後、屋外で自然乾燥させます。

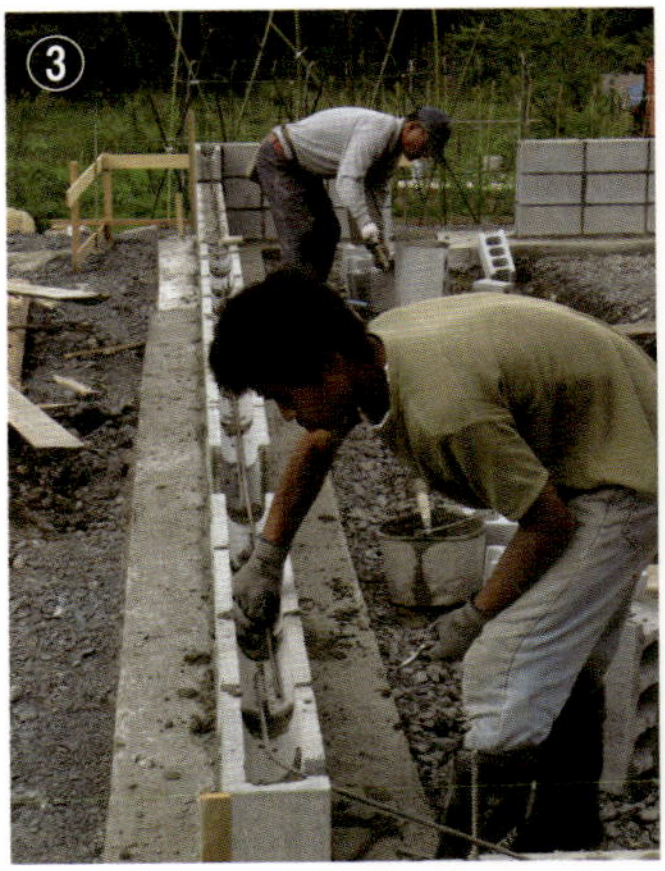

③ 村の左官屋さんに依頼した基礎工事。潤太も完全に一員として加わりました。

④ 基礎が完成。土台の１本めを運んでいます。推定250kg。下に敷いた丸木のコロは佳代さんがかいがいしく前に移動させていきます。土台など床下の構造材には檜を使いました。

母屋を作る　Ⅱ

⑤大引きの組みつけが終わり、喜びあふれる18歳3か月と68歳11か月の「同志」の笑顔。

⑥この年は雪が遅く、床張り作業がはかどりました。連日夕暮まで頑張り、1階の床を張り終えて、床面全体を段ボールとブルーシートで2重にカバーしたところで、春までお休み。

翌年は4月1日にシートをはずして作業開始。壁になる部材を1本1本加工してストックしていきました。暑い夏に入る頃、いよいよ壁の組み立てにとりかかりました。

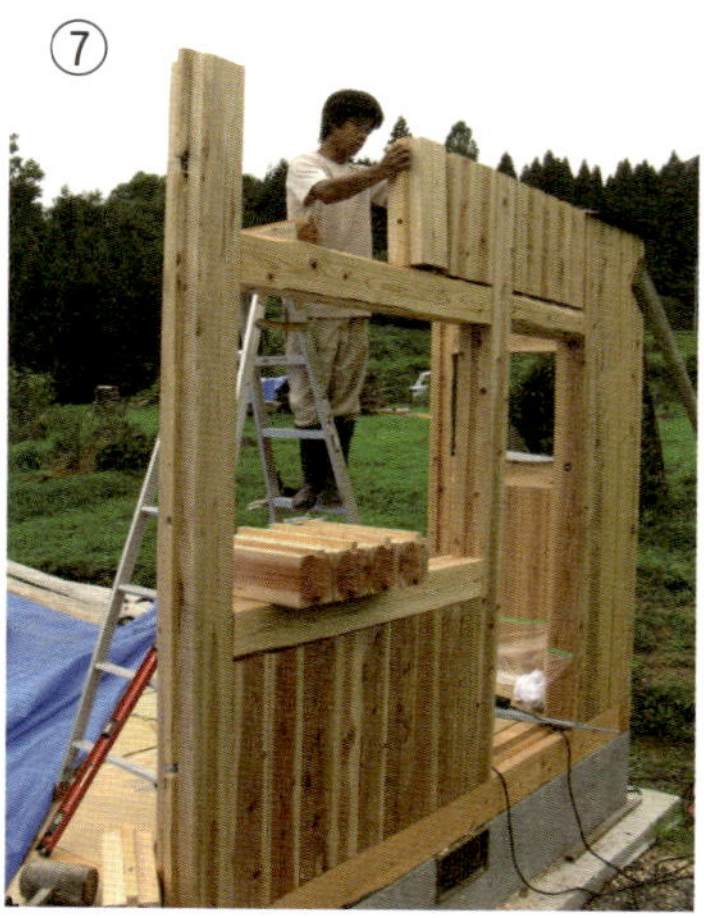

⑦順々に部材を組んで、壁を立てていきます。この開口部は、勝手口のドアと窓になります。

⑧もう一面の壁とつなげて、かなり安定感が出てきました。香港から帰省中の長女ファミリーも興味しんしんで見守っています。

⑨正面の壁面が完成して、建物の本体部分はほぼ形が整いました。あとは、浴室とトイレになる部分を付け加えれば、1階の枠組みが出来上がります。

⑩屋根を支え、ロフト（屋根裏）部分の空間を作る3角形のトラスを4組作成。1組は正面入り口の上、もう1組はその対面の壁の上、他の2組はその中間に等間隔で立てます。梁でつないで、しっかり組みつけていきます。

⑪西の山並みに日が落ちた直後に作業完了。冬の間は、内装工事に専念します。

母屋を作る　Ⅲ

⑫クレーン車でトラスをつりあげる。

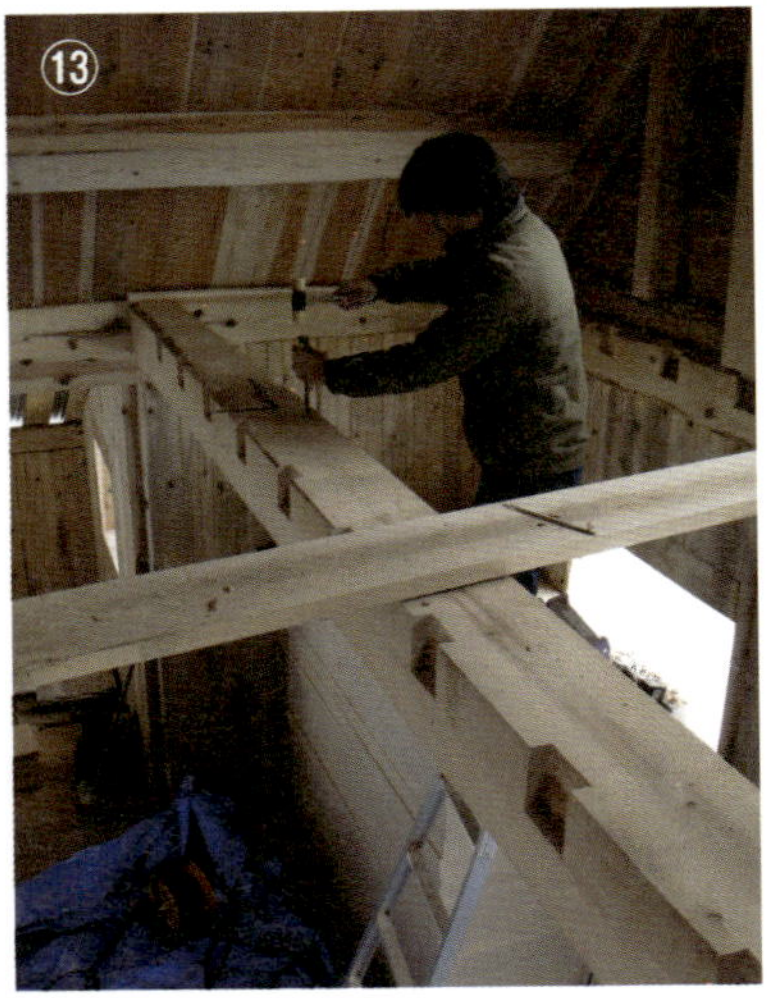

⑬ロフトの床を張る準備です。

⑭1 階は、まさに大工の仕事場です。

⑮ロフトの床張り。次の工程を見定め中。

⑯⑰限られた室内空間を有効に使うために、階段はらせんタイプで決まり。こんなものまで自作しながらの家作りでした。

母屋を作る　Ⅳ

⑱屋根の作業は、足場が不十分なうえ傾斜が急なので、緊張の連続でした。

⑲屋根が完成して、家らしいたたずまいになりました。窓枠を取り付け、２重ガラスの窓をはめ込んでいきます。ロフト部分の窓は 7m のはしごをいっぱいに伸ばしての作業。かなり緊張します。ペンキを塗るのをためらうような、すがすがしい白木の壁。

外壁の塗装が終わり、南面のウッドデッキもできて、これでルピナス・ヴァレーのシンボルハウス・母屋が完成しました（次頁）。この翌日、夕方７時頃に合併浄化槽の工事が終わると同時に、佳代さんの両親を迎えて、５人と犬のくんくんがいっしょの暮らしが始まりました。

母屋を作る　V

column ヤギのむうちゃん

コラム

名前の由来は、生まれた時「メ～～」と泣かないで「ム～～」と泣いたからだそうです。

もともとは知人が飼っていたのですが、次の子ヤギが生まれたため、誰か可愛がってくれる人がいないか探していたそうです。潤太が声をかけられて見に行った時に、相性があったのか、むうちゃんは後追いをして離れなかったそうです。潤太もなついてくれたのがうれしかったに違いありません。

何もいきさつを聞いてなかった私たちは、ヤギが突然やってきたのでびっくりしました。白くてまだ1歳の何とも可愛いヤギで、見ているだけで幸せになりました。早くヤギのことが知りたくて、ネットで本を注文して知識を得ていきました。

食べさせてはいけない草は何かを知ると、私はヤギを自由に放しておくことは危ないと思いました。むうちゃんを観察しながらヤギのことが良くわかるようになり、今まで何も知らなかったことに驚いたほどです。

むうちゃんは、歩きながら今一番おいしい草を選んで食べています。草それぞれ一番おいしい季節があるのですね。草なら何でも食べるとは限らないのです。

雨の日などお食事散歩ができないときのためにラビットフードを買っておきました。それが大のお気に入りで朝夕、母屋の玄関先の荷物置き場にわけなくひょいと跳びのり催促します。窓を開け、ボールに定量入れて食べさせます。

リンゴの皮や乾かした茶殻や、秋には山栗やドングリも食べさせます。ビワの葉や柿の葉なども大好物です。近頃はお湯（40度くらい）を喜んで飲むようになり、飲み終わった時私の顔にそのお湯のシャワーをくしゃみのようにしてかけるのが楽しいようです。私も避けようとしながらも楽しんでいます。

家に入りたいようですが、どこでも構わずおしっこやウンチをするので入れられません。

むうちゃんのために潤太がすば

らしい「お家」を作りましたので、夜はそこで寝てもらっています。ルピナス・ヴァレーを訪れるお客は「むうちゃんはどこですか?」と聞いてくださいます。

いる場所がいつも変わりますから、探せない時があるようです。犬を怖がる人は少しいましたが、ヤギは皆さん怖がりませんね。むうちゃんが来たことでここの庭を歩く楽しみが増えたようです。ヤギは「平和のシンボル」だとつくづく思わされています。

むうちゃん、来てくれてありがとう!!

(佳代)

ルピナス・ヴァレーの生活・家族・人々

ルピナス・ヴァレーに集う人々

ルピナス・ヴァレーには、各地から友人知人が集まってきます。「ルピナスのつどい」「写真塾」「コンサート」「オープンガーデン」等をしてきました。

ルピナス・ヴァレー発行の、ほぼ月刊・通信誌『自然たいせつ倶楽部』

山にほど近い自然環境でずっと暮らしながら、新鮮な思いで気づかされたことや しみじみ心に残る出会いや経験などを、たいせつに拾い上げて伝え続けている個人通信です。

写真家の立場を一番に生かして、毎号自分の作品を自分で納得のいくようにプリントした「旬の写真」をお届けしています（いわゆる2L判のサイズで）。

それに加えて、エッセイやおしらせ、ルピナス・ヴァレーの折々の様子などを載せた「やまのたより」と、佳代さんの手書きの文字とイラストで、独特のやわらかな味わいがにじむ「ルピナス通信」とで、『自然たいせつ倶楽部』の1セットが構成されています。

本誌は21世紀初め2001年の春に創刊。2025年4月号で通算250号になりました。これからも気力と体力が続くうちは、発行を続けていこうと思っています。興味を持たれた方は、どうぞ左記宛てにご連絡ください。購読のご案内をお送りします。

nitaro@lupinus-valley.com
または　Fax.0867-45-0232
（資料お届け先をご記載ください）

（二太郎）

▶「やまのたより」

「ルピナス通信」▶

People of Lupinus Valley

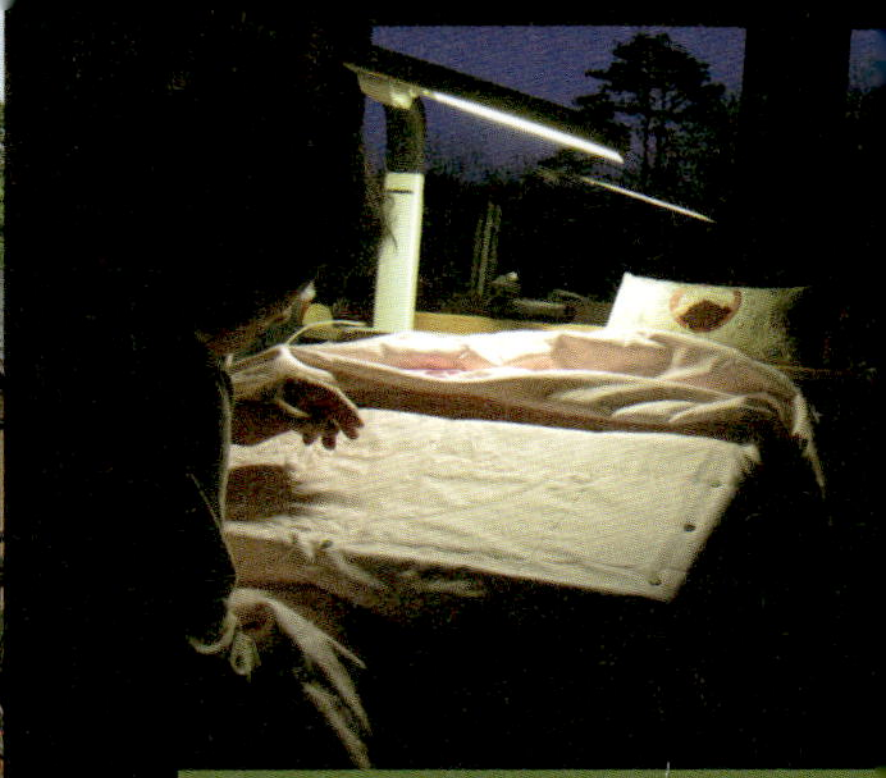

ルピナス・ヴァレーの人々

わが家の家族について

森本佳代

さて、ここであらためてわが家の家族のことを紹介したいと思います。潤太のことはすでに述べましたので、長女のりさと次女の真希の紹介をしたいと思います。ちなみに、潤太が生まれたのは、りさが21歳、真希が17歳、私が44歳、二太郎さんが51歳の時です。みんな生まれた潤太を見て「天使みたい」と言っていました。

長女 りさ

長女りさは高校卒業後、アメリカのケンタッキー州にある「ベリア大学」に留学しました。大学卒業を前にして「結婚するので来てくれないか」とメールが来てびっくりさせられました。

友人に話すと、「親孝行な娘ね。卒業式と結婚式を同時にしてくれて！」と言われて、「それもそうだね」と笑いました。少し不安で、現地の母親役をしてくれたダイナ

に二人の結婚について考えを聞きましたら「ＯＫ」と言うので安心しました。お相手は、ベリア大学をいっしょに卒業したマレーシアの人です。

出席した卒業式は日本では考えられないような式でお祭りのようでした。卒業証書を手渡された人が喜びを体じゅうで表し、壇上で踊りだす人もいたくらいです。

結婚式は、卒業式の翌日でしたので友だちもたくさん来てくれました。私たちも知っている人に会えたし、仲良しのオズボンさん（牧師で副学長）が結婚式の司式をしてくださったことは最高の喜びでした。

りさの連れ合いは、結婚後、アメリカ～インド～香港～日本～中国と、全寮制の国際学校・ＵＷＣ（United World Colleges）の教師として働き、今はインドネシアのインターナショナル高校に勤務しています。

旅行好きな夫婦で休みには世界中を飛び回っています（私にはそう見えます）。史跡や趣味の陶芸や織物などの珍しく美しいものを見て歩いてはそのつどスマホで写真を送ってきます。

子ども（私にとっての孫）は、ヤンチー16歳、シーセン10歳です。長期の休みにはルピナス・ヴァレーに帰って来て、特に雪遊びを最高

の楽しみにしています。りさたちには国際的な友だちが多く、時々ここにも連れて来てくれ、私たちの世界を広げてくれます。

次女 真希

次女の真希は、高校時代、勉強好きで成績も良かったのでどこの大学でも受かるだろうと思っていましたが、「大学は行かないよ。働きたい」と、スタッフを公募していた「ホールアース自然学校」に就職しました。主宰者夫妻の考えに共感するところがあり、当時「移動ふれあい動物園」をしていたので動物好きの真希には魅力だったと思われます。そこで5年くらい働いたでしょうか。真希から「お金がたまったのでここを辞めて旅行に行きたい」と連絡が入りました。

行先は、仕事で仲良くなった人たちのいるフィンランドでしたが、まずモンゴルに行ってパオという伝統的な住居に住み、民族楽器や歌を楽しんだそうです。さらにモンゴルからはシベリア鉄道に乗り、ロシアを横断してフィンランドに渡りました。

フィンランドでは民泊をしたりサンタクロースの村に行ったり、北極圏近くで狩りの様子を見たりと興味が尽きない体験をしてきたようです。

帰国後は北海道に住むと言って出かけましたが体調を崩し帰って来ました。その時の真希の顔は真っ赤に腫れていてびっくりしました。アレルギーによる湿疹でした。病院にも行きましたが、食事が悪かったと気付いたらしく、自分の食べ

るものは自分で育てたいと考えるようになっていったようです。そこで信州の美麻《みあさ》村にあった空き別荘を借りて住み、お米と野菜作りに励んだのです。

元気になってきたころ、友人を介して養蜂（西洋ミツバチ）をしている方が手伝いを求めていると聞き、そこのスタッフとなりました。そこで、養蜂を手伝っているのにミツバチのことを知らないのはおかしいと気が付いたのでしょう、分厚い専門書を取り寄せ読み始めました。ここが真希の本領発揮だったと思います。

その後、師匠は病気で亡くなられたのですが、真希は養蜂の仕事を自分の仕事として、今に至っています。真希のように加熱処理をしないハチミツは、日本のハチミツ消費量の1パーセントに満たないそうです。おいしいことはまちがいないのですが、それ以上に貴重なハチミツであることがわかり、良い仕事に出会えたなと思っています。

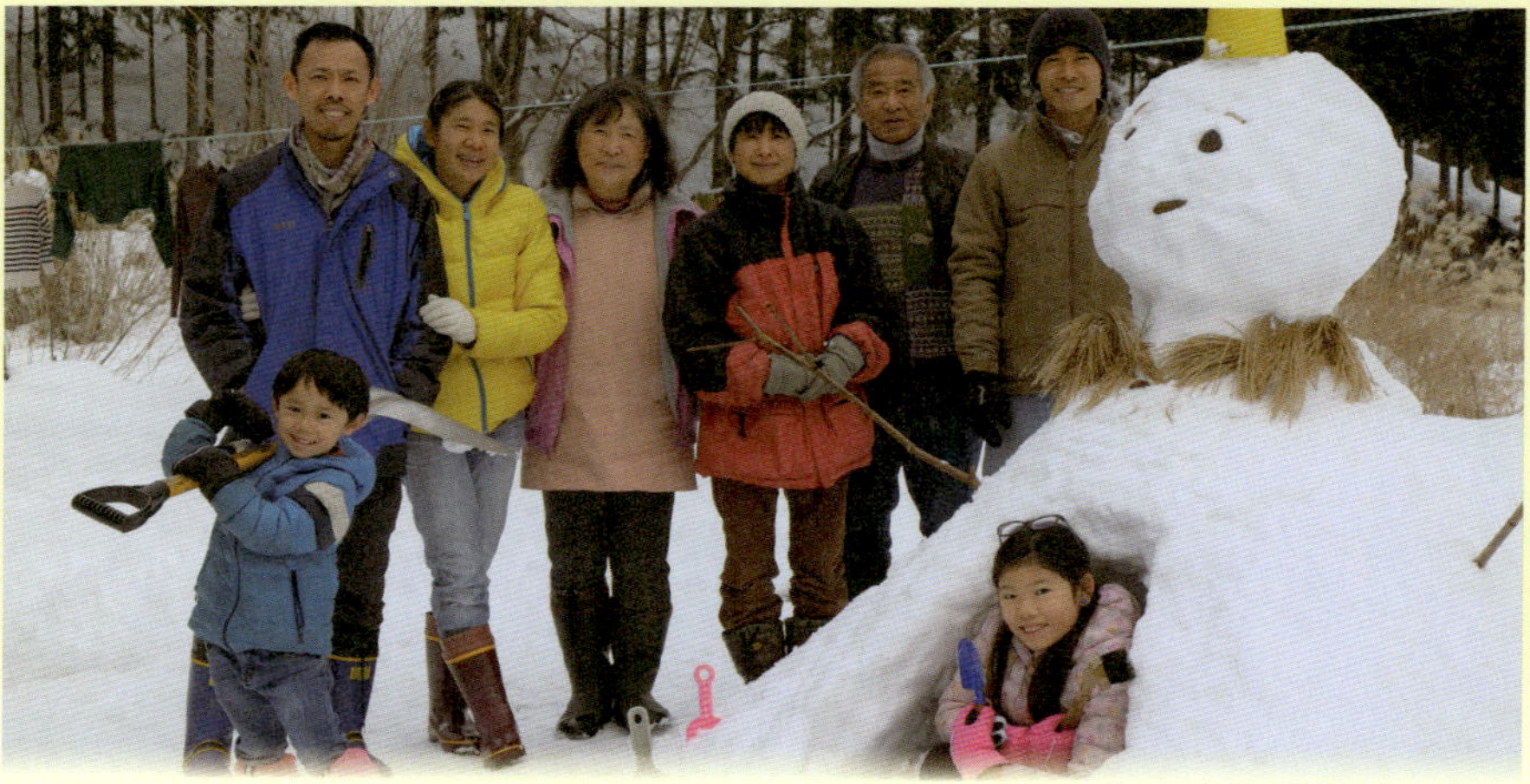

かまくらが雪だるまに変身

コラム

column 父と母の思い出

私の故郷は瀬戸内海の因島《いんのしま》です。実家には両親二人が住み、土生《はぶ》教会の信徒でした。その両親が、生まれ育った因島から離れたくないことは十分わかっていました。

ところが、父が92歳の時大腿部を骨折し、私は2か月間、介護の日々を因島で過ごしたのです。その時、ここで介護を続けるのは無理だと思ったのです。そこで、両親には気の毒なことだとは思いましたが、ルピナス・ヴァレーの母屋の完成と同時にこちらに来てもらうことにしました。間近に迫ってきた冬の寒さを乗り切れるか心配でしたが、部屋を十分暖かくして寒さに馴れていってもらいました。

また、寂しい思いをしないようにと、私たちが出席している久世《くせ》教会でのコンサートにいっしょに行ったり、大山の美しい姿を見せたくてドライブに連れだしたり、好きなおいしいものを食べにいっしょに出掛けたりしました。村の行事の花火大会や盆踊りなどにも喜んで参加していました。

ここに来たことで、親戚の人たちや友人たちが頻繁に両親に会いに来てくれたのも、うれしいことでした。でも一番うれしかったのは、そのころ香港に住んでいた長女家族が、以前より頻繁に帰って来てくれたことです。それに伴い次女も必ず帰って来てくれるようになり、冬休み・夏休みは賑やかな一家団欒《だんらん》となりました。

特に子ども好きな母は、ひ孫のヤンチーといっしょによく遊んでくれました。カルタ取りが終わっ

たときは「カルタとり　ひ孫に負ける年になり」と一句読んだのを覚えています。

普段の生活では、孫の潤太が大活躍。いっしょに畑に行って収穫を楽しんだり、種撒きのようすを興味深そうにじ~っと見ていたり……。探し物の時などは潤太に頼んで見つけてもらうと、笑顔で「ありがとう」を繰り返していました。父は、立ち上がれない時には力持ちの潤太に起こしてもらって、うれしくてたまらない顔をしていました。寝る前のお薬は潤太がいつも寝床に持っていくので、幸せな気分で眠れたことでしょう。

何度かの入院で心配な時もありましたがすべて乗り越え、父は97歳で、母は91歳で天国に召されました。

私はというと、両親がいつまでも生きていてくれるような気持ちで介護をしていたので、いよいよ親を見送るという時が来た時は、なかなか受け入れられませんでした。村の葬儀施設で、久世《くせ》教会の牧師に来ていただいて家族葬をして見送ったのですが、因島の母教会での葬儀ではなくて、ごめんなさい。でも、私は最後のお世話をさせてもらえたことをほんとに感謝しています。ありがとう！

（佳代）

夢をあきらめないで……

森本佳代
森本二太郎

♥朝、起きるとまず庭を一巡りします。歩きながら、ちょっと草を抜いてみたり、枯れた花柄を摘んでみたり、込み合ってる枝を切ってみたり、大した庭仕事ではないのですが、これがその日の庭仕事をするうえでだいじなことだと思っています。

園芸や造園に「仕事半分眺め半分」という言葉がありますが、私の朝の庭めぐりは、その「眺め半分」に当たるのです。家事を終えて庭に出た時、やるべきことをすぐ始められます。

その庭めぐりの時によく歌っているのが、讃美歌90番（54年版）のこの歌です。

ここも神の　み国なれば
あめつちみうたを　歌いかわし
岩に樹々に　空に海に
たえなるみわざぞ　現れたる

ここも神の　み国なれば
鳥の音、花の香　主をばたたえ
朝日、夕日　栄《は》えにはえて
そよ吹く風さえ　神を語る

思い描いたルピナス・ヴァレーは、ひとまず大きな達成感に包まれてきています。でも、まだまだやりたいことがいっぱいありますのでルピナス・ヴァレーに到達点は無いと思っています。風景が変化しながらも、変わらず「ルピナスの花」は咲き続けることでしょう。「夢をあきらめないで」は、自分自身に向けての言葉ですが、皆様への私からの言葉でもあります。

家族や友人たちの心からの応援があったことを感謝しています。

ここまでいっしょに働き、作り上げてきたこの場所を、息子の潤太がこれからどう展開していくのかが楽しみでもあります。自由な発想と工夫で、私の考えも及ばないようなすてきな場所にしていってくれると信じています。

これまでの私の人生には、たくさんの「神さまどうして？」と問うことがありました。願い通りにかなうことなどないかのように思っていた時期がありました。ところが、この土地を選んだ時から、不思議にすべてのことが整えられてきました。今は神さまから「これでOKですよ。あなたの願うとおりに行っていいですよ」と言われているような気がするのです。

（佳代）

♣自分が夢として思い描いていた「新天地」は、この土地とはずいぶん様子の違うものでした。

清流が流れる深々とした森の中、あるいはそのほとりに、まずは小さな小屋を作って住み着いて、必要なだけ木を伐って日の当たる広場を作り、そこに母屋となる丸太小屋を建て、その周囲に畑と花園を作る。そんな感覚だったのです。まったく一からの開拓で「大きな森の小さな家」のようなイメージでした。

ところが、佳代さんが「ここに決めた」と言って選んだのは、長

年放置されていたとはいえすでに開墾された農地だったのです。戸惑いを覚えながらもその決意の

底にある確信をひしひしと感じ、全面譲歩していっしょにこの土地で生きていく選択に踏み切りました。

　それが正解だったことは、時を経ずして身にこたえてわかってきました。木を伐るどころか、地付きの草たちとの確執だけでも時間と体力と気力の限界を感じることがしばしばありました。手押しのミニ耕運機とシャベルで、掘っても掘っても出てくる石ころ。時には持ち上げられないくらい大きな石も混じります。もしも、森の木を自力で伐りだし、その木の根を掘り上げ、という作業がこれに先立ってあったとしたら、果てしない時間が必要になったことでしょう。自分たちの年齢を考えたら、とてもルピナス・ヴァレーの夢は実現に至らなかったでしょう。

　本気で夢を実現したいと願い続けてきた人の、その切実な思いが働いた選択だったのだと、今更のように感じ入っています。これからも地道な展開が続いていくことでしょう。どうぞ見守っていてください。時を得て、この本を手にしてくださった方とお目にかかれることを、心から楽しみにしております。

　発想から企画、編集、出版に至るまで、いっしょに考え、いっしょに探り、いっしょに歩んでくださった、日本キリスト教団出版局の伊東正道さんに、心から感謝いたします。

（二太郎）

森本佳代　（もりもと・かよ　1948 年生まれ）

♪　幼稚園で 10 年間お仕事をしました。

♪　歌がすきで、いつも心に浮かぶ歌をくちずさんでいます。

♪　散髪が得意で速い。かつて、娘たちの「もりもカット」は話題作でした。

森本二太郎　（もりもと・にたろう　1941 年生まれ）

- 山、森、海、自然全般に興味が尽きない。
- 職業柄か、好きだからなのか、外出には携帯電話、眼鏡を忘れてもカメラは持っていく。
- 日本写真家協会（JPS）会員。
- コーヒーが好きで、毎朝自分で豆を挽いて淹れている。

森本潤太　（もりもと・じゅんた　1992 年生まれ）

- 豊かな自然と多彩な人びとに囲まれて育ち、今は、村内や近隣地域での自然体験、野外活動が、たいせつな仕事になっている。
- もの作りが得意。欲しいもの、必要なものは自分で作るのが楽しみ。
- 日本野鳥の会・岡山支部の会員として、この地域の観察や調査をしている。

装幀：堀木佑子
本文デザイン：M. I.

ルピナス・ヴァレーへの道――夢をあきらめないで

2025 年 4 月 20 日　初版発行

著　者　森　本　佳　代
　　　　森　本　二　太　郎

発　行　日本キリスト教団出版局
169-0051　東京都新宿区西早稲田 2 丁目 3 の 18
電話・営業 03（3204）0422、編集 03（3204）0424
https://bp-uccj.jp
印刷・製本　モリモト印刷

ISBN 978-4-8184-1193-7　C0077　日キ版

Printed in Japan